AF509881

# DES
# SYSTÈMES EN HISTOIRE

ET NOTAMMENT DU SYSTÈME

## ÉMIS PAR M. DE BARANTE

DANS LA PRÉFACE

## DE SON HISTOIRE DES DUCS DE BOURGOGNE;

PAR

## AUG.ᵗᵉ NOUGARÈDE DE FAYET,

AVOCAT À LA COUR ROYALE, ANCIEN ÉLÈVE DE L'ÉCOLE POLYTECHNIQUE.

Carolo Magno.



---·I·O·!·---

## PARIS,
## DE L'IMPRIMERIE DE CRAPELET,

RUE DE VAUGIRARD. Nᵒ 9.

## 1843.

# DES
# SYSTÈMES EN HISTOIRE

### ET NOTAMMENT DU SYSTÈME

### ÉMIS PAR M. DE BARANTE

#### DANS LA PRÉFACE

### DE SON HISTOIRE DES DUCS DE BOURGOGNE.

---

Il semble qu'il y ait pour les peuples, comme pour les individus, des époques où le développement de leur intelligence et l'instruction acquise oblige à leur présenter les mêmes choses d'une manière toute nouvelle et toute différente, et cela est vrai surtout pour les études historiques.

Qu'on voie nos anciens historiens, ils se contentent d'enregistrer les faits principaux, les actes saillants de ce qu'il y avait alors de brillant dans la société, les guerres, les hauts

6

faits d'armes, quelquefois les fêtes et les tour-
nois; mais quant à ce qui tient à la vie intime
des peuples, à leur bien-être, à toutes les questions de finances, d'administration, de commerce, ils n'en disent pas un seul mot; tout
cela, il est vrai, était jadis un secret d'État
qu'il n'était pas permis aux fonctionnaires de
révéler, et les hautes fonctions administratives
étant entre les mains d'un petit nombre de fa-
milles que les circonstances ou leur fortune y
avaient poussées, les historiens étaient pour la
plupart du temps dans une ignorance complète
à cet égard.

Et qu'en auraient-ils fait d'ailleurs alors
même qu'ils eussent pu les connaître? A qui
auraient-ils parlé de toutes ces questions de
finances, d'administration, de commerce? La
haute société, comme nous venons de le dire, y
était complétement étrangère, occupée qu'elle
était de guerres ou de plaisirs, et toute l'instruction, reléguée dans la magistrature et le
clergé, ne roulait même dans ces deux classes
que sur des matières de droit, que la diversité
des coutumes rendait fort compliqué, ou sur

des matières de théologie dans lesquelles la lutte toujours incessante de religion suffisait à absorber les esprits.

Aussi, par la nature même des choses, tous nos anciens historiens sont-ils ou des annalistes, ou des simples auteurs de mémoires : à moins d'avoir été soi-même dans les affaires, on ne savait rien; et alors même que l'on savait, on ne trouvait personne à qui raconter ce que l'on avait été à même de connaître; et l'on sait que, lorsque le président de Thou écrivit sa grande histoire, il la composa en latin, comme pour en exclure le public.

Aujourd'hui il n'en est plus ainsi : la publicité de tous genres dont nous jouissons a répandu dans toutes les classes de la société la connaissance habituelle de toutes les questions d'administration et de finances; chacun a quelque teinture au moins de ces matières, et l'homme le moins occupé de politique en sait plus aujourd'hui que n'en savaient au temps de Louis XIV, les hommes les plus instruits et les plus haut placés.

De là sans doute la grande faveur accordée

de notre temps à l'histoire, et le grand nombre d'écrivains éminents qui s'y sont livrés :
toutes les carrières d'ailleurs sont aujour-
d'hui ouvertes à tous, et il suffit de nommer
M. Thiers, M. Guizot, M. de Broglie, M. Vil-
lemain, la plupart en un mot de nos hommes
d'État, pour comprendre que l'étude de l'histoire est à la fois le moyen de se rendre capable des plus hautes fonctions et le moyen d'y
parvenir en se faisant connaître du public.

Parmi les historiens qui honorent notre
époque, les uns, tels que M. Thiers, ont traité
des sujets d'histoire récente et passés en quelque sorte sous nos yeux ; les autres des sujets
tirés des temps reculés de notre ancienne histoire : d'autres enfin celle des peuples passés :
et dans tous on remarque plus de vérité,
une connaissance plus approfondie des faits
et de leurs causes, une manière d'envisager
les questions plus large et plus complète; dans
tous, en un mot, on voit à la fois l'instruction
plus grande de l'écrivain et l'exigence plus
grande du public ; mais à côté de ce mérite général, il est peut-être aussi un défaut commun à

la plupart d'entre eux : c'est que chacun a présenté sa manière particulière d'écrire l'histoire comme la seule bonne et seule capable de constituer une véritable histoire : ainsi M. Thierry veut qu'on cherche dans la conquête et dans la réaction contre la conquête l'explication de la plupart des phénomènes historiques ; MM. Guizot et Sismondi la trouvent dans le caractère et les penchants des masses ; M. de Barante veut qu'on se renferme d'une manière absolue dans ce qu'il appelle la narration, et M. Monteil enfin, le plus excentrique de tous, ne la conçoit que dans les détails du ménage et ne comprend pas le mérite de Voltaire qui, en exposant l'organisation militaire de Louis XIV, n'a pas donné la couleur du parement des habits de ses soldats. ( *Histoire des Français des divers états*, ouvrage couronné par l'Académie.)

Mais c'est surtout M. de Barante, qui dans la préface de son *Histoire des ducs de Bourgogne* a développé son système d'exclusion pour tous les historiens qui ne sont pas ce qu'il appelle des narrateurs, et comme d'ailleurs les réflexions qu'il présente à cet égard nous fourniront l'occasion d'observations plus générales et applicables même au système d'exclusion des autres historiens, c'est par l'examen de ces réflexions que nous allons d'abord commencer.

« Aux siècles de nos aïeux, dit M. de Ba-
« rante, on ne savait point faire les livres : le
« plus souvent un complet désordre règne
« dans leurs récits, les dates sont interverties,
« les noms défigurés, les faits transposés ou ré-
« pétés ;.... il est donc simple que des hommes
« de mérite et de talent se soient donné la
« tâche d'extraire de ces matériaux des récits
« suivis et complets;.... mais en se livrant à
« ce travail la plupart ont cessé d'être narra-
« teurs : les détails qui donnent la vie à l'his-
« toire ont disparu ; l'auteur a pris la place du
« récit.

« Il y a même, dans ce travail, une sorte
« d'inexactitude habituelle : en se plaçant,
« pour prononcer sur le temps passé, dans le
« point de vue du temps actuel, l'écrivain ne
« peut pas toujours apprécier avec justice les

« actions ni les hommes : il les rapporte à une
« échelle morale qui n'était point la leur.....

  « Ce qu'il faut, ce que l'on doit exprimer, ce
« sont les jugements, les expressions des con-
« temporains ; c'est en voyant ce qu'ils éprou-
« vaient, c'est en apercevant l'effet que les
« actions produisaient sur eux, que l'on peut
« se faire une idée juste du temps passé, et
« lorsque l'historien a présenté les événements
« disposés avec clarté et classés avec ordre, il
« doit laisser au lecteur à se faire lui-même
« un jugement sur leurs conséquences et leur
« portée. »

  D'abord avant d'entrer en discussion sur le
fond des choses, il est nécessaire de s'entendre
sur le sens des mots : or, qu'entend M. de Barante par ce mot de narrateur ? sans doute
il ne veut pas exprimer par là qu'il faille tout
dire, tout raconter en histoire, entrer dans les
moindres particularités des événements ; dans
toute histoire au contraire il y a des faits
principaux et des faits accessoires, et de
même qu'un peintre dans ses tableaux s'atta-
che à graduer les effets dans des plans suc-

cessifs, de même il faut que l'historien gradue le relief des événements suivant leur importance relative : les uns doivent être mis en évidence, les autres au contraire laissés dans l'ombre et placés seulement de manière à faire ressortir ceux qui doivent attirer l'attention.

Et ce que nous disons des faits, nous le dirons aussi des personnages : les uns doivent être mis en quelque sorte sur la scène ; le lecteur veut les suivre et les apercevoir partout ; il tient à connaître les moindres détails de la vie d'Alexandre, de César, de Napoléon, mais il n'en est pas ainsi des autres : l'écrivain doit se contenter de résumer en peu de mots leur caractère ou leurs actions, et l'on se moquerait d'un historien qui n'oserait pas dire qu'un homme a été brave et généreux sans reproduire tous les traits de bravoure et de générosité qui l'ont distingué (1).

(1) Il fut un temps, car en France la mode exerce son empire sur l'histoire comme sur tout le reste, il fut un temps où il était de mode de traduire en portraits des personnages la plus grande partie des faits historiques, et l'on voit surtout cet usage dans les écrits du temps de la Fronde et dans les mémoires du cardinal de Retz : c'était là, sans aucun doute,

« On peut, dit M. de Barante, se tromper
« dans cette appréciation et il vaut mieux s'en
« rapporter au jugement des contemporains. »
Mais les contemporains eux-mêmes n'ont-ils
pas pu se tromper? C'était jusqu'ici une opinion admise et qui semblait en quelque sorte
incontestable, si le désir de faire du nouveau
ne portait à tout contester, que les écrivains
contemporains placés sous l'impression et
pour ainsi dire sous le coup des événements,
outre qu'ils n'avaient pu les envisager avec
autant d'ensemble, avaient presque toujours
écrit d'une manière passionnée, tandis que les
écrivains postérieurs, placés par leur situation
à l'abri de ces impressions, pouvaient écrire
l'histoire d'une manière plus calme et plus
réfléchie; pourquoi donc cette opinion si
unanime devrait-elle cesser maintenant de
paraître juste et raisonnable?

Sans doute il est fort difficile à l'écrivain
postérieur de se transporter ainsi en idée à une

un excès, mais ce serait aussi tomber dans un excès contraire
que de vouloir, comme conséquence, les interdire d'une
manière absolue.

époque autre que celle où il vit, à des mœurs, à des habitudes qui ne sont plus les siennes ; mais d'abord, puisque le lecteur est lui-même obligé de suivre cette marche, peut-être lui est-elle rendue plus facile quand l'écrivain a été obligé de la suivre le premier, de même qu'un Français entend mieux une langue étrangère dans la bouche d'un autre Français qui a été obligé de l'apprendre, qu'il ne l'entend dans la bouche d'un étranger.

L'historien postérieur a d'ailleurs sur l'écrivain contemporain un avantage que rien ne peut compenser chez ce dernier, c'est l'expérience des siècles postérieurs : les mêmes faits, il les comprend mieux ; les événements s'éclairent par des événements semblables, les caractères par d'autres caractères, et c'est ainsi qu'une foule de faits incompréhensibles pour les contemporains, n'ont pu être jugés dans l'histoire que lorsqu'on a pu y joindre l'expérience des siècles postérieurs.

On voit, par exemple, dans l'*Histoire des Croisades*, que les premiers croisés au nombre de plus de cent mille âmes, hommes, femmes et enfants, se dirigèrent par la Hongrie vers Constantinople, et les contemporains nous ont livré ce fait sans s'inquiéter autrement de ce qu'avait pu devenir une si grande multitude dans les déserts incultes de la Hongrie ; et cependant c'est là une question que l'homme qui réfléchit est aussitôt tenté de se faire, aujourd'hui surtout que l'on sait combien il est difficile de nourrir une multitude accumulée, malgré tout le perfectionnement des routes et de l'administration : on est donc porté à se demander comment les croisés purent vivre même misérablement dans la Hongrie, et y trouver des routes et des abris? Eh bien ! l'historien postérieur (M. Héeren), par suite des connaissances acquises sur le commerce des anciens peuples, va répondre sans peine à cette question : c'est que, depuis le temps de Charlemagne, la Hongrie était devenue la route universelle de commerce entre le continent de l'Europe et celui de l'Asie; sans cesse elle était parcourue par des caravanes nombreuses de marchands de toutes les nations, et c'était la voie que suivaient les troupes de pèlerins pour se rendre au saint sépulcre.

On voit de même dans l'*Histoire de France* au xv<sup>e</sup> siècle que, de Charles VII à son fils Louis XI, les tailles furent augmentées dans la proportion de huit à quatorze millions de livres : or, que pouvait-on conclure autrefois de ce fait ainsi présenté? que les peuples ont été plus chargés d'impôts sous Louis XI que sous Charles VII? mais la conséquence n'est nullement nécessaire : on sait en effet à présent qu'alors comme aujourd'hui, il y avait des impositions générales et des impositions locales, les unes payées aux rois, et les autres aux divers seigneurs et aux gouverneurs de province; et comme la plupart du temps ces derniers abusaient de leur autorité pour lever des impôts qui ne leur étaient pas dus, Louis XI, en détruisant cette autorité et par suite la source de leurs impôts, a fort bien pu par là, tout en augmentant ceux qui lui étaient payés à lui-même, diminuer en réalité la charge que les provinces avaient à supporter.

Veut-on enfin un exemple choisi dans une histoire plus connue encore et que nos pre-

mières études ont placée entre les mains de
tout le monde? on lit dans *Plutarque*, et il
a passé sans difficulté dans les écrivains qui
se sont succédé sur l'histoire romaine, que
les trésors de Persée rapportés à Rome par
Paul Émile, permirent de dispenser le peuple
d'impôts.

Or il est contraire aujourd'hui aux plus
simples notions de finances et d'économie
politique, qu'une somme d'argent, si considérable qu'elle soit, puisse suffire longtemps
aux besoins d'un État aussi étendu que l'était
déjà l'État romain, et par conséquent à plus
forte raison une somme d'environ quarante-
cinq millions de notre monnaie, qui, peu de
temps après, composait à peine la fortune per-
sonnelle d'un riche romain, et qui ne formait
au temps d'Auguste que la trentième partie
des revenus de l'empire.

Voici ce qui arriva : par suite de l'heureux
succès de la guerre contre Persée, roi de Macédoine, les tributs des diverses provinces
conquises et le produit des terres confisquées
dans chacune d'elles au profit du trésor public

étant devenus entièrement suffisants pour subvenir aux besoins de l'État, les citoyens romains purent être dispensés à l'avenir de payer aucune espèce d'impôts; la guerre contre Persée fut donc l'occasion, et non la cause de cette abolition, et ce serait faire abstraction de toutes les connaissances acquises par l'étude des temps postérieurs, que de continuer à la regarder comme due uniquement aux trésors venus de Macédoine.

Ainsi, pour en revenir à notre question, si d'une part l'écrivain contemporain est placé plus près des événements, s'il peut mieux s'informer de tout ce qu'il a intérêt de savoir, si l'état de choses dans lequel il vit lui permet de s'en pénétrer davantage; d'un autre côté l'écrivain postérieur est plus à l'abri des passions et des préoccupations du moment; il voit les choses de plus loin et avec plus d'ensemble, et enfin surtout l'expérience acquise dans l'intervalle le met à même de mieux comprendre les événements.

Il arrive même quelquefois que l'écrivain postérieur se trouve placé dans des circonstances qui compensent presque entièrement pour lui l'avantage de l'écrivain contemporain : c'est lorsque ces circonstances se trouvent analogues à celles de l'époque qu'il veut représenter.

Pourquoi, par exemple, l'histoire romaine a-t-elle fait chez nous depuis quelques années de si grands progrès? Pourquoi a-t-on mieux compris ces luttes du forum et les querelles des sénateurs et des tribuns, si ce n'est parce que depuis cinquante ans, nous avons sous les yeux le spectacle des luttes de tribune, et des assemblées populaires? Et si l'on veut mieux s'en assurer encore, que l'on compare les ouvrages écrits en France et en Angleterre sur cette période pendant le dix-huitième siècle ; sans doute, dans les écrivains français, les faits sont rapportés avec soin, les extraits des auteurs anciens traduits fidèlement, et même avec élégance ; mais on n'y sent point, comme dans les écrivains anglais, l'auteur qui se transforme, qui vit de la vie de ses personnages, qui épouse leurs intérêts et leurs passions, et qui, les ayant éprouvées lui-même, les reproduit avec cette chaleur que l'expérience seule peut inspirer.

On objecte «que l'historien qui écrit sur « un temps passé prend trop souvent par ses « jugements la place du récit, et qu'il faut lais- « ser au lecteur à se faire lui-même son juge- « ment ( p. lij.) »

Si l'auteur met ses réflexions à la place du récit, c'est un tort, mais il ne faut pas pour cela les lui interdire d'une manière absolue; bien souvent au contraire, loin de nuire au récit, les réflexions peuvent contribuer à le servir et à l'éclairer.

On veut que le lecteur, après avoir lu, se fasse un jugement; mais n'est-il pas plus simple que l'historien le fasse avec lui? Remarquons que ce dernier possède entièrement son sujet, qu'il l'a médité avec soin, qu'il s'est incorporé en quelque façon dans l'époque qu'il a traitée; mille choses ont pu échapper dans la rapidité d'une lecture que l'auteur a dû peser et étudier, et il ne semble pas qu'il puisse être rien de plus utile, pour celui qui veut véritablement apprendre une histoire, que les réflexions et les résumés rapides que l'auteur présente à l'occasion des diverses époques qu'il a parcourues.

Ces résumés préparent l'esprit du lecteur ou le reportent sur ce qu'il a lu : il compare les impressions de l'auteur à celles qu'il a éprouvées lui-même, et son esprit ainsi ramené souvent à des choses auxquelles il n'aurait pas songé lui-même, joint au plaisir de la lecture celui plus vif peut-être d'une véritable discussion avec l'écrivain.

Eh! mon Dieu, ces observations sont tellement vraies que M. de Barante lui-même, après s'être, dans le commencement de sa préface, élevé contre les résumés, la termine par un résumé rapide des matières qu'il se propose de traiter, et avec d'autant plus raison, du reste, que se proposant de les traiter d'une manière étendue et détaillée, il était d'autant plus nécessaire de faire connaître d'avance au lecteur la route qu'il aurait à parcourir.

Et remarquons que, par la nature même de son sujet, aucun historien peut-être plus que M. de Barante n'a été entraîné à présenter par résumés une partie de son histoire : dans un des passages de sa préface , il semble craindre qu'on ne lui reproche d'être entré dans trop de détails sur ce qui concerne plus particulièrement l'histoire de France; mais ce n'est pas là le reproche qu'on peut songer à lui faire; ce dont on peut le blâmer à bien plus juste titre, c'est d'avoir choisi son sujet de manière à être obligé d'entrer dans ces détails : supposons en effet une personne qui veuille étudier l'histoire de France, que se dira-t-elle? qu'elle étudiera d'abord l'histoire de cette partie considérable qui n'a jamais cessé de former le royaume de France , et à laquelle d'autres parties ont été successivement ajoutées ou enlevées; puis , s'il se trouve dans l'histoire de ces dernières parties des institutions ou des caractères dignes d'attention, elle s'occupera de les étudier en les passant en revue d'une manière rapide.

Eh bien! M. de Barante a fait tout le contraire; au lieu de traiter l'histoire de la Bourgogne comme une suite et un complément de celle de la France, il en a fait un objet prin-

cipal. L'histoire de la France entière n'est plus
dans son ouvrage qu'une sorte d'accessoire,
et se trouve, pour ainsi dire, perdue au milieu
de celle d'une de ses provinces. Et que serait-ce
si à son exemple, à propos de chacune des provinces qui ont été démembrées de la France,
les historiens voulaient nous donner ainsi une
sorte d'histoire de la France elle-même ?

Et de là, du reste, pour l'ouvrage de M. de
Barante, de graves inconvénients : celui d'abord
de faire précisément le contraire de ce qu'on
vient d'enseigner aux autres; celui de dire
beaucoup sans tout dire, de donner un grand
nombre de faits d'une époque sans l'achever,
et de présenter ainsi les événements de l'histoire de France d'une manière incomplète et
mutilée, et enfin celui plus grave encore, de
juger et d'apprécier beaucoup de faits sans
pouvoir, sous peine de se perdre dans la multitude des discussions, donner aucun motif
de ses jugements.

Il est vrai que ce dernier inconvénient ne
tient pas, chez M. de Barante, au choix seul de
son sujet, et que c'est pour lui une règle gé-

nérale de ne rendre aucun compte de ses appréciations. « Je pourrais, dit-il, justifier le « choix que j'ai fait, dans les écrivains contem- « porains, de telle ou telle assertion, la con- « fiance que j'ai accordée dans telle ou telle « circonstance à un document plutôt qu'à un « autre, les motifs et le degré de vraisemblance « que j'ai trouvé à un témoignage plutôt qu'à « un autre; mais il m'a semblé que cette mé- « thode n'était propre qu'à entraver le récit, « et, après avoir construit, j'ai cru devoir faire « disparaître l'échafaudage. » (p. xlvj.)

Nous sommes tout disposé à croire que M. de Barante n'a en effet rien négligé pour asseoir son jugement sur des bases solides; mais peut-être le lecteur désirerait-il quelquefois connaître quelles sont ces bases; et peut-être, au lieu de demander la confiance, aurait-il plutôt fallu se montrer digne de l'obtenir.

Nous ne demandons pas, il est vrai, comme le dit M. de Barante à propos des écrivains qui sont tombés dans cet excès : « qu'un histo- « rien expose l'emploi qu'il a fait de tous les « matériaux dont il s'est servi, qu'il discute la

« confiance qu'on doit accorder à chacun d'eux,
« qu'il fasse part de tous ses doutes et de toutes
« ses incertitudes. (p. x.) » Mais nous voudrions
au moins le voir donner quelques exemples de
sa manière d'agir ; que l'historien adopte sans
discussion les événements peu importants ou
ceux que le consentement unanime a mis à
l'abri de toute incertitude, rien de mieux ;
mais il n'en est pas ainsi, à beaucoup près, pour
tous les faits qui se présentent.

Tantôt il s'agit de mettre en lumière un fait
important et nouveau ; il faut bien alors montrer comment il a pu échapper jusqu'alors à
l'attention et à la sagacité des historiens, et
l'appuyer alors sur des preuves solides et posi-
tives ; tantôt il s'agit de faire revenir l'opinion
publique sur une impression erronée qu'elle a
conçue à propos d'événements connus et avé-
rés ; ainsi, au temps de Louis XIV, on était per-
suadé que la mort de ses enfants et petits-
enfants n'avait pas été naturelle ; eh bien ! il
a bien fallu que Voltaire, dans son histoire,
examinât les accusations d'empoisonnement
qui avaient été portées, et M. de Barante ne

pense pas sans doute qu'il eût suffi, dans cette circonstance, de raconter qu'ils étaient morts, ou de déclarer, comme un oracle, que tout le monde les avait crus à tort empoisonnés.

Il y a aussi des faits que telle ou telle circonstance accessoire ont empêché de bien juger : il faut bien encore expliquer en quoi la route que l'on propose conduit à des résultats plus exacts que celle qui avait été suivie.

La révocation de l'édit de Nantes va nous en fournir un exemple.

Cette révocation est sans contredit un acte de piété religieuse, et comme on savait que, vers la fin de sa vie, Louis XIV était devenu d'une dévotion excessive, et se trouvait entièrement placé sous l'influence de madame de Maintenon, la plupart des personnes en ont conclu, sans autre examen, que la révocation de l'édit de Nantes (1) était un des actes de la vieillesse de ce monarque; le plan de l'ou-

_____

(1) Nous aurions pu trouver dans l'ouvrage de M. de Barante des exemples à l'appui des observations que nous avions à présenter ici, mais nous avons pensé, en les choisissant parmi les événements les plus connus de l'histoire, donner à ce travail un intérêt un peu plus général

vrage de Voltaire et sa division en chapitres, en excluant toute chronologie, a contribué à accréditer cette idée, et nous allons sans doute offrir à la plupart de nos lecteurs une véritable nouveauté historique, en leur apprenant qu'au moment de la révocation de l'édit de Nantes, Louis XIV, l'homme le plus robuste peut-être de son royaume, avait à peine quarante-sept ans (1), qu'il était dans toute la plénitude de sa force et de son talent, et qu'il était sur terre et sur mer l'arbitre et la terreur de toute l'Europe.

Cette observation sur l'âge de Louis XIV, au moment de la révocation de l'édit de Nantes, est à elle seule, du moins pour beaucoup de lecteurs, une idée nouvelle; mais il ne suffirait pas en histoire de l'avoir ainsi émise: puisque l'entraînement d'une dévotion exagérée n'est pas la seule cause d'un acte si funeste à la nation, il faudrait, pour la connaissance intime du caractère de Louis XIV, expliquer quelles ont été ces causes : cette explication n'est

______

(1) Il était né en septembre 1638, et la révocation de l'édit de Nantes est du mois d'octobre 1685.

point de notre sujet, et cette réticence seule et l'incertitude qui en résulte, montre assez que les faits les plus connus ne peuvent pas toujours se suffire à eux-mêmes pour être bien compris du lecteur.

Il y a enfin des faits que l'histoire ne présente que d'une manière incomplète, et qu'on ne peut ni omettre à cause de leur importance, ni donner tels qu'ils sont sous peine de fausser tel caractère ou tel ensemble de faits constatés.

On lit, par exemple, dans l'histoire de Sylla, qu'à son retour en Italie, Pompée alors âgé de vingt-trois ans, leva à ses frais et lui amena trois légions avec lesquelles Sylla l'envoya apaiser des troubles qui s'étaient élevés en Afrique, et qu'à son retour Sylla le salua du nom de *Grand :* voilà le récit tel qu'il nous a été laissé par les historiens; or, quelle idée peut-il présenter à l'esprit, si ce n'est l'étonnement de voir Sylla, si habile à graduer les récompenses et à ménager les esprits de ses troupes, donner un pareil titre à un jeune homme sans expérience et dont les services, quoiqu'importants, dataient à peine de la veille, et ne pouvaient égaler ceux des officiers qui l'avaient suivi dans les guerres difficiles de la Gallo-Grèce et de l'Asie.

Mais si l'on ajoute que, d'après quelques indices, il y a lieu de croire que les soldats de Pompée avaient songé à le proclamer *impe-rator* et à se soustraire avec lui à l'autorité de Sylla pour se cantonner en Afrique et s'en emparer; que Sylla, instruit de ce projet, avait accusé Pompée d'être lui-même l'instigateur de la révolte, et qu'enfin ce dernier, malgré son jeune âge, ayant su résister à la fois et à l'entraînement de ses soldats et au mé-contentement produit dans son esprit par l'injuste soupçon dirigé contre lui, Sylla voulut réparer ses torts d'une manière éclatante en se dépouillant pour lui de sa propre grandeur; alors on comprendra que Sylla, qui faisait inscrire sur son tombeau que nul ne l'avait passé à faire du bien à ses amis et du mal à ses ennemis (*Plutarque, Vie de Sylla,* trad. d'Amyot), tenait en effet à se faire des amis et qu'il méritait d'en avoir, et l'on trouvera d'un autre côté que Pompée méritait en effet ce surnom de *Grand*, et d'autant plus qu'il ne le prit pas à cette époque, mais seulement lorsque d'éclatantes victoires et l'admiration du peuple romain l'eussent rendu véritablement digne de le porter.

Par ces réflexions, sans tromper l'esprit du lecteur puisqu'on ne lui laisse pas ignorer l'incertitude qui règne à cet égard, on le met en même temps à même de mieux comprendre le fait qu'on lui raconte, et il semble que loin d'ôter par là de la vie à l'histoire, comme le dit M. de Barante, on lui en rende au contraire en donnant plus d'ensemble au caractère des grands personnages qui y ont figuré.

Veut-on encore un autre exemple? nous le trouverons dans le règne de l'empereur Auguste : on lit dans tous les historiens, qu'après la défaite de Varus, Auguste se frappa la tête contre les murs, qu'il laissa croître pendant plusieurs mois sa barbe et ses cheveux, en un mot, qu'il se livra à toutes les marques du plus violent désespoir : or, Varus n'avait avec lui dans sa défaite que trois légions, c'est-à-dire

environ dix-huit mille hommes, et l'on apprit
même bientôt après qu'un corps de trois à
quatre mille hommes avait pu s'échapper ;
ce n'était donc en réalité qu'une perte de dix à
douze mille hommes qui, pour un empire tel
que l'empire romain, et dans cette province
éloignée, n'était guère plus alors que ne le
serait pour nous le mauvais succès d'une ex-
pédition dans l'Algérie : on a donc peine à
comprendre le violent désespoir que témoigna
dans cette occasion un prince dont tous les
traits de l'histoire font ressortir la prudence
et l'habileté.

Mais si l'on ajoute qu'Auguste, dans l'intérêt de son autorité, avait détruit dans l'empire tout esprit militaire et qu'il craignait les
révoltes que pouvait amener la moindre levée
extraordinaire de soldats; si l'on ajoute surtout que depuis la mort de Mécène, Livie et
son fils Tibère n'avaient cessé d'étendre autour
de lui leur empire, et d'éloigner tous les anciens amis de ce ministre en les remplaçant par
leurs partisans, qu'Auguste s'apercevant enfin
de ces manœuvres avait cherché à les rappeler,

et surtout Varus auquel il avait donné le commandement important des deux Germanies ; si l'on remarque enfin que la défaite de Varus le livrait de nouveau aux mains de Tibère, devenu le seul général et le sauveur nécessaire de l'empire, on concevra aisément par ces réflexions ajoutées au récit le terrible désespoir que cette mort dut lui causer (1).

Ainsi nous le répétons, il y a mille circonstances où l'auteur est obligé de discuter, d'appuyer son opinion ; s'il peut l'éviter, rien de mieux ; si le récit peut suffire à prouver lui-même les assertions qu'il présente, l'ouvrage y gagnera sans doute ; mais il ne faut pas qu'il s'interdise toute réflexion, tout examen des événements : il ne faut pas qu'il se laisse renfermer dans un cercle qu'il ne puisse être libre de franchir : ce qu'il faut avant tout, c'est la vérité, c'est la connaissance des faits, et du moment que le récit ne suffit plus, il faut que l'écrivain sache s'avancer hardiment sur le terrain de l'examen et de la discussion.

(1) *Histoire du siècle d'Auguste*, par M. Nougarède, B[on] de Fayet.

Et qu'il ne craigne pas par là, comme le dit M. de Barante, de retarder et de refroidir le récit ; qu'on lise l'histoire du siècle de Louis XIV, l'ouvrage le plus entraînant peut-être qui ait jamais été écrit, on en trouve à chaque pas et dans le texte même de nombreux exemples ; eh bien ! la marche de l'histoire en est-elle ralentie ? Bien disposé même, ce changement peut varier l'intérêt, reposer l'attention du lecteur, et pour beaucoup de personnes il est bien plus gênant et plus embarrassant d'être sans cesse en défiance de la route où l'on est conduit, que de s'arrêter un moment pour pouvoir marcher ensuite sans obstacle.

M. de Barante cite à l'appui de son opinion les auteurs anciens , Thucydide, Xénophon , Plutarque, Tite-Live, Tacite : mais d'abord, pour ce qui concerne Plutarque, on sait assez que si sa lecture offre un charme qui n'est contesté de personne , il est absolument impossible de se fier à ses assertions, et il serait difficile que, n'ayant jamais discuté pour lui-même et pour s'assurer de l'exactitude des faits, il eût pu discuter beaucoup pour le lecteur dans les ouvrages qu'il nous a laissés.

Mais il n'en est pas ainsi des quatre autres que nous venons de citer : Tite-Live, le seul d'entr'eux qui ait écrit sur des époques passées, discute à plusieurs reprises les sources où il a puisé, les actes sacrés des pontifes, les écrits des anciens auteurs; et quant à Xénophon, à Thucydide, et surtout à Tacite, qui écrivaient sur des époques présentes, ils ont soin de reproduire en les examinant les opinions de leurs contemporains; qu'on voie, par exemple, ce que dit Tacite de la mort de Germanicus, de celle d'Agrippine, de tant d'autres événements qu'il a approfondis, et sur lesquels du moins il a voulu faire connaître au lecteur toutes les incertitudes qui pouvaient les obscurcir.

« Mais, dit-on, s'il en est ainsi, l'auteur va « se mettre à la place du récit, et il faut au con- « traire qu'il disparaisse complétement si l'on « ne veut détruire l'illusion et la perspective « théâtrale. »

Remarquons que, dans l'histoire comme au

théâtre, l'illusion ne peut jamais exister d'une manière absolue; le spectateur ne peut jamais oublier qu'il est dans une salle, qu'il a payé sa place, qu'il y a un auteur qui a composé la pièce, et que les acteurs qui la jouent ne sont ni Alexandre ni César; ce n'est donc pas une illusion des yeux, une erreur qu'on peut lui offrir, mais une illusion satisfaisante pour la raison et pour l'intelligence : que faut-il donc pour cette illusion factice? uniquement qu'elle soit renfermée dans de justes limites, et surtout qu'il en ressorte une peinture vive et attachante de l'objet qu'on veut représenter.

Certes quand les esprits si éclairés du siècle de Louis XIV admiraient la merveilleuse peinture du caractère de Néron dans un acteur récitant des vers français, et habillé de bas de soie et d'un habit à la française, ce n'était pas l'illusion des yeux qu'ils pouvaient trouver; et cependant quand cet acteur, pénétré du rôle de Néron, montrait cette nature dépravée commençant à secouer le joug et menaçant de déborder sur le genre humain par la réunion de tous les vices et de toutes les cruautés, on frémissait d'horreur et de crainte, parce que l'auteur avait frappé juste, parce qu'il avait fait une peinture vive et profonde du cœur humain, parce qu'il avait fait vibrer ces sensations de l'âme devant lesquelles toutes les sensations physiques ont cessé d'exister.

Eh bien ! en histoire il en est de même; il faut que la peinture vraie et attachante que l'écrivain présente arrache le lecteur à la réalité des faits qui se passent autour de lui, qu'il oublie son livre et l'écrivain qui l'a composé, qu'il voie apparaître à ses yeux, par son imagination, tous les personnages qu'on lui représente , et que transporté en quelque sorte dans un autre siècle, il puisse éprouver dans son âme tous leurs intérêts et toutes leurs passions : nous ne dirons pas à cet égard que la forme soit indifférente, loin de là, elle ne l'est dans aucun ouvrage; mais nous dirons qu'elle est bonne du moment où elle aura pu produire de semblables effets.

Ainsi soit que Bossuet, déroulant devant nous dans son magnifique tableau de l'histoire universelle la marche et la chute des empires, les fasse s'écrouler l'un sur l'autre sous la main de la divine providence; soit que, dans ses réflexions dont la profondeur n'ôte rien à la vivacité du langage, Montesquieu rapproche pour nous les époques les plus diverses, et fasse jaillir de ce rapprochement de nouvelles étincelles de lumière; soit que Voltaire, dans son style si rapide et dont la merveilleuse richesse semble de la simplicité, précipitant devant nous les événements, frappe tour à tour de ses traits mordants les ridicules des hommes et ceux des époques; soit enfin, pour prendre aussi nos exemples parmi des temps plus modernes, que M. Thierry, l'illustre auteur de la *Conquête de l'Angleterre*, reconstruise pour nous, à la manière de M. Cuvier, au moyen des vieux chants populaires, le cadavre sanglant du peuple saxon se débattant sous l'étreinte du Normand vainqueur, et nous fasse assister à leur lutte terrible et prolongée pendant plus d'un siècle; ou que M. Thiers, le plus grand historien peut-être de notre époque et de la France, évoquant à nos yeux ces grands caractères de Mirabeau, de Danton, de Car-

not, de Hoche, de Bonaparte, célèbre la dé-
fense du territoire français contre les étrangers,
et s'efforce de cacher sous des lauriers la robe
sanglante de la statue de la liberté; quelle que
soit en un mot leur manière de faire et d'écrire,
nous les admirerons, s'ils nous ont donné une
peinture vraie et attachante de l'époque qu'ils
ont voulu représenter, et nous protesterons
toujours contre toute exclusion donnée à leur
manière d'écrire l'histoire ou à toute autre
que les écrivains voudraient employer.

Il en est une cependant, nous l'avouons, que
M. de Barante, dans son attachement pour le
genre narratif, consent à admettre en histoire, et que nous repoussons au contraire
de toutes nos forces, c'est le roman historique.

« M. de Sismondi, dit-il, l'auteur de l'*His-*
« *toire des Républiques Italiennes*, a cru de-
« voir recourir à une fable romanesque pour
« nous faire mieux connaître les mœurs de la
« Gaule à la fin du cinquième siècle (1); et un

(1) *Julia Severa ou l'an* 496.

« homme de talent (1) a pu dire que le travail
« de l'historien ne suffisait plus à notre époque,
« et que le plan d'une histoire sérieuse ne
« comportait pas autant de vérité que le
« cadre d'un roman historique. »

Le roman historique, bon Dieu! le renver-
sement de toute vérité, le fléau de l'histoire!
Et songe-t-on de quoi se compose le roman
historique, et comment on y procède? En général, dans l'histoire véritable, on recherche
avec soin les faits, on les examine, on les discute, puis de l'ensemble des événements ainsi
contrôlés et constatés, on fait ressortir les
traits du principal ou des principaux personnages, qu'on reproduit ainsi d'une manière
complète aux yeux du lecteur.

(1) Cet homme de talent, dont nous tairons le nom, après
avoir réussi dans le roman historique, a voulu s'essayer aussi
dans l'histoire sérieuse, et a composé celle de *la Pologne
avant et pendant le roi Sobieski;* mais cette tentative a été sans
succès, et si bien sans succès, que du moins pour la plupart
de nos lecteurs, nous aurons pu sans doute en donner le
titre sans trahir son incognito; nous aimons à croire du reste
que son échec n'est entré pour rien dans l'aversion qu'il a conçue contre l'histoire sérieuse.

Dans le roman historique au contraire, on prend un personnage, le premier venu, Richelieu, Anne d'Autriche, Louis XIV, Lauzun, madame de Montespan, on lui fait un caractère tel quel, suivant quelque vague impression restée de la lecture d'une histoire sérieuse, et l'on y coud des événements les uns vrais, les autres faux ; et lorsqu'en ajoutant ainsi le charme de l'imagination à l'intérêt réel que l'histoire présente, l'auteur a pu amuser, intéresser, vendre son livre, il est content, et débrouille ensuite qui peut la vérité au milieu de cet horrible chaos.

Il y a un homme de génie qui a traité le roman historique, et dont le génie même et les succès ont été funestes par le grand nombre d'imitateurs qu'ils lui ont créés, c'est Walter Scott ; Walter Scott a su, en rattachant à une époque historique des événements fictifs et des personnages inventés, peindre les mœurs de cette époque, la faire vivre en quelque sorte sous nos yeux ; les souverains et les principaux personnages servent à peindre la cour, le reste à représenter les différentes classes de la société; mais que de soins, que de précautions dans l'emploi de ces moyens; s'il introduit sur la scène des personnages historiques, il les tient renfermés dans un rôle simple, qui ne peut en rien préjudicier à l'histoire; tout l'intérêt du roman porte constamment sur les personnages qu'il a inventés; rien ne se mêle d'ailleurs, partout on sent la partie vraie et la partie fausse du récit; mais pour en agir de cette manière, quel art, quelle délicatesse ne faut-il pas?

Ses imitateurs n'ont pas fait ainsi; la plupart ont pris les personnages historiques pour le sujet même de leur roman, non pas seulement les personnages secondaires et en quelque sorte ignorés, mais ceux sur lesquels le grand rôle qu'ils ont joué dans l'histoire attirait le plus l'attention, Henri IV, Richelieu, Louis XIV; ils les ont fait penser, parler, agir, comme s'ils étaient eux-mêmes, et s'ils avaient en eux leurs paroles et leurs actions.

En général on se ferait scrupule de prêter un discours de tribune à M. Thiers, un morceau oratoire à M. Berryer, un plaidoyer à M. Dupin; mais on prête sans aucun scrupule ses pensées, ses actions, ses gestes à Richelieu et à Louis XIV. On se transforme en eux pour les faire revivre, et Dieu sait si, revenant au monde, ils trouveraient leurs portraits ressemblants.

Il y a un malheur en France, car il faut faire la part de tout le monde, et ne pas attribuer aux auteurs seuls le funeste succès des romans historiques, il y a un malheur en France, c'est le penchant que nous avons pour les choses les plus frivoles; en vain notre intelligence nous montre l'avantage et l'utilité de l'histoire, en vain notre raison nous pousse vers son étude, le penchant est le plus fort, qui nous fait préférer au sérieux qu'elle présente la forme plus agréable du roman historique.

Les auteurs, il est vrai, ont profité de ce penchant; et, non contents même de composer des ouvrages de longue haleine, c'est dans des articles détachés, dans des feuilletons de chaque jour, qu'ils distillent le plus souvent le poison destiné à nous égarer; mais encore une fois, la faute n'en est pas à eux seuls, et il est bien plus du devoir de l'opinion de former les auteurs qu'il ne l'est du devoir des auteurs de former le public.

Oui, nous repoussons de toutes nos forces le roman historique; nous le repoussons surtout du domaine propre de l'histoire où l'on voudrait l'introduire; si l'on veut raconter l'histoire, qu'on le fasse avec le respect qu'elle mérite, qu'on la traite d'une manière digne d'elle, et qu'on ne la confonde pas dans une même composition avec ces travaux éphémères que le caprice enfante et que le caprice détruit.

Mais, d'un autre côté, sitôt que l'historien aborde sérieusement son sujet, qu'il va chercher dans les matériaux laissés par le temps de nouvelles sources de science et d'instruction, qu'il se montre digne en un mot de traiter le vrai sujet d'étude des grands magistrats et des grands politiques; oh! alors, nous nous empressons de l'adopter et, malgré la réprobation portée par M. de Barante, nous l'acceptons pour historien, encore bien qu'il ait cessé d'être narrateur.